JN437985

시로 쓴 체험담

프로부모

시로 쓴 체험담

프 로 부 모

한 두 현 제04시집

재단법인 프로부모

■ 시인의 말

프로부모 세상

누가 뭐래도
프로부모 세상을 꿈꾼다

아니 아니야
꿈이 아닌 실현 꼭 시키리라

젊은이들이여
자식 낳으려면 프로부모가 되라

취업 준비 공부
반의반만 해도 아주아주 충분해

고교까지 무상교육
고액 과외 안 시키면 무슨 돈 걱정

셋이고 넷이고
한집안에서 서로 부딪치며 잘 자라

사회에 나와 자립하면
맑고 밝은 프로부모 세상 만들어지리

2019년 신록의 계절
각공서재에서
中里 한 두 현

Contents

차례

제 1 부 엄마 무릎 위 인간

Contents

Contents

Contents

Contents

제 4 부 임태 프로부모

Contents

Contents

제 1 부

엄마 무릎 위 인간

엄마 무릎
프로부모 시발점

세 살 교육
여든까지 가더라

삶의 기본
취학 전에 다 익혔네

태교부터
초교 입학 전까지 노력하면

인간교육
다 마칠 수 있음에 나도 놀라워

날이면 날마다
일어나는 사건 바라보며 한숨짓네

부모가 그때
무엇하다가 저 지경으로 만들었는지

빚지곤 못 산다

이 세상
태어나 살아온 빚

갚는 길
자식 낳아 기르는 일

부부가
두 명 낳으면 본전 뿐

세 명은
되어야 본전에 이자까지라

어찌
짐승도 갚는 걸 인간이 외면하리

빚진 인간
큰 소리 칠 수 있으랴 어디 간들

2019. 1. 13

유아기 영감

유아기에
철이 다 든 영감도 있다

그래서
좋다든가 자랑이 아니다

돌 때
청상 되신 우리 안방은 방송국

아무개는
술을 너무 마셔 개 취급을 받고

아무개는
노름을 해 전답을 다 날려 빈털터리

아무개는
술집여자에 빠져 몹쓸 병에 걸려 신음

아무개는

이 집 저 집 말전주 하다 귀싸대기라

엄마는
언제나 사리 판단을 해 주는 재판장이니

어찌 살아야 인간
어찌 살면 짐승 취급을 받게 된다는 걸

인생사 다 터득
학교에 가 배운 건 지식교육 뿐이라 할 만큼

오죽하면
해방도 되기 전에 반공주의자가 되었을 정도라

2019. 1. 14

엄마 무릎

아무리
어린이집이 좋다 한들

어찌
엄마 무릎에 비할손가

나는 배웠네
거짓말을 하려면 묵언

나는 들었네
효행 우애의 감동 얘기

나는 깨우쳤네
대 이을 자식의 필요성

나는 감동했네
외조부 숭조사상의 지극함

나는 결심했네

조부의 근검절약을 본받기

나는 이루었네
인성교육의 90% 이상을 유아기에

불상해 안쓰러워
젖먹이 아이가 어린이 집에 맡겨지는 현실

2019. 1. 15

엄마는 조각가

엄마는
찰흙으로 소조조각을 한다

미리
공부했으면 좋은 작품 가능

아무리
배운 게 없다 해도 자식인지라

자기가 하는 일이
한 인간을 만들기라는 걸 안다면

지극 정성을
다 할 테니 어린이 집에 맡기는 것보다야

찰흙이 말랑말랑할 때
자기가 원하는 훌륭한 작품을 만들어야지

2019. 1. 16

굳으면 늦어라

어떤 명장도
굳은 찰흙으론 한숨 뿐

유아기 90%
굳은 머리 어떤 스승인들

엄마 노력 하나가
열 얻을 수 있는 이 시기

놓치지 말고
정성껏 빚어낸다면 걱정 끝

영감 된 어린이
스스로 무럭무럭 바르게 자라리라

2019. 1. 19

콩나물죽 3년 DNA

누구나
한 번쯤은 들은 그저 그런 옛날 얘기지만

그런데
엄마 무릎 위에서 남 아닌 네 할아버지께서

아니 글쎄
할머니가 하도 딱해 할아버지 생신 날 드린 진지

약속 어겼다고
묵묵히 들고 나가 담벼락 밑에 쏟아버리고 굶다니

감동 감동 감동
나도 나도 할 수 있어 내가 할아버질 닮은 손자니깐

물론 핏속 DNA
무시 못 할 일이지만 유아기에 받은 감동이 바로 DNA화

아무리 아무리
굶주리던 6.25동란 때도 다시 일어날 힘을 준 콩나물죽
3년 이야기

2019. 1. 20

9세 80리 길 DNA

아홉 살 봄
가마 타고 양자 온 길 팔십 리

늦가을 어느 날
엄마 보고 싶다고 혼자 훌쩍

오솔길 터덜터덜
남한강 삼수머리 배 얻어 타고

주막집 들러
당당히 하룻밤 신세 저가면서

안성 국골마을
고향 집에 찾아 들어간 할아버지 얘긴

듣는 이로 하여금
입을 딱 벌리게 하는 무용담 자체

구한말 왜정을 살며

농사지어 시골 졸부 이룬 자수성가

아는 이는 이구동성
환경이 따르지 않아 꿈을 놓친 인물

기회는 이어진다
자손이 있는 한 DNA로 프로부모 교육으로

2019. 1. 21

외조부 영재교육 실수

하도 영리해
영재교육 시키느라

뚱보 피하려
절식 시키다가 잔칫날

허겁지겁
배 채운 아들 둘 한꺼번에

일생일대 실수
어린 내 마음 "난 안 할 거야"

열심히 달렸지
아이들 캠프나 MT 가는 날이면

선생님 인솔 시에도
퇴근 후 차로 달려가 확인 또 확인

안전 관리는 직접 눈

영재든 천재든 공부보단 목숨이 먼저

방마다 화재 시 대피ロ
먹이고 먹였지 잘 먹어야 머리가 좋아진다고

2019. 1. 23

외조부 숭조 DNA

둘째 아들
외조부가 조상 산소 석물

형님인 참봉
몇 배 더 부자인데도 홀로

징으로 쪼고 다듬어
우마차로 몇십 리 영차 영차 끌고 끌어

입학 전 아이 결심
아버지 산소는 물론 힘이 되면 조상 대대

다짐 다짐 다짐
여기저기 실묘 직전 산소 찾아 멋진 석물

DNA만으론 부족하리
엄마가 아이 때 가르치는 프로엄마의 힘

2019. 1. 24

외조부 멋 DNA

외가는
문화 저택

친가는
유목민 움막

신식 문물
나오자마자 화신백화점

오죽하면
원주 제일 호사한다는 평

사시사철
꽃이 피는 정원 꿀 과일 거북 펌프

어린 눈
휘둥그레 자상한 엄마 해설 덧붙여

시 읊는 외조부

한 폭의 멋진 그림 오늘날 나를 만든 모델

2019. 1. 25

믿기지 않는 도벽

어린 마음에도
도저히 믿기지 않아

집안 어른이
아랫동서 혼수가 탐이 나

훔쳐다가
뒤곁 굴뚝모퉁이에 쌓아 두다니

친정이나
밖으로 빼돌릴 처지도 아니면서

주위로부터
손가락질 받는 가련한 신세로 전락

도둑질 하면
감옥이나 지옥을 가는 벌을 받을까 봐

결벽증에 가까운
정직한 인간이 된 게 아닌 공포의 가르침

오계니 십계니 하는
종교적 가르침보다 훨씬 효과적인 유아교육

2019. 1. 26

생뚱맞은 사기극

말도 안 돼
어찌 그런 사기극

내 태어나기
10여 년 전에 생긴 일

시집온 새댁
사촌동서는 아기를 낳는데

임신이 안 되니
가짜로 배에 천을 두르고 속이다

꾀라고 낸 게
쥐를 잡아 죽여 잿간에 버리고 낙태라

발칵 뒤집혀
조사해 보니 생뚱맞은 사기극으로 판명

큰 거짓말이든
작은 거짓말이든 생전하지 않게 된 참교육

2019. 1. 27

할아버지 얘기 보따리

라디오
동화책 하나 없던 시골

할아버지
얘기 보따리는 영화 한 편

어찌나
감칠맛 나게 잘 하시는지

기회만 되면
조르고 졸라 듣고 들었지

상상력
키워 주는 동물 잡는 지혜부터

형사 콜롬보가
예전에 존재했듯 한 수사 얘기까지

무궁무진한
옛 애기를 들으며 너른 세상을 헤엄쳤다

2019. 1. 28

외조부의 콩 반쪽

콩 한 알
생기면 반쪽씩 나눈

외조부
형님과의 우애 남달라

한동네
백여 보 떨어진 큰댁

아침저녁
문안 인사 거르지 않고

땅 사고 팔
때에도 시시콜콜 의논

형님은 아우와
상의 없어 섭섭해 하면서도

남매인 우리

늘 우애 강조하시던 어머니

봉송이라도
받으면 둘 똑같이 나누어 주셔

책상 서랍 넣고 안 먹어
홀딱 먹어 치운 누나 달라고 애원하면 조금씩 준

2019. 1. 29

맨 처음 배운 뿌리 찾기

말
배우기 시작할 때부터

넌
어디 한씨냐 누구 자손이냐

외가는 물론
진외가까지 가문공부를 했지

자손의 이름자엔
조상의 함자와 동음자도 안 된다든지

어느 성 어느 성은
할아버지가 같아 혼인을 해선 안 된다든지

나무엔 뿌리
인간엔 혈통이 튼튼해야 잘 자랄 수 있듯이

네 뿌리는 이러 이러해서
잘 뻗어 나갈 수 있다는 자부심을 심어 주는 게 한몫

2019. 1. 30

외조부의 쌀 한 톨

비단 옷
탕건 쓴 육 척 장신

허리 굽혀
버려진 쌀 한 톨

주워
입에 넣어 우물우물

어릴 때
어머니가 말씀 말씀

아직도
귀에 남아 밥 한 알

안 버리려
싹싹 그릇 비우는 습관

오래도 간다
백 살이 넘어도 남아 있으리

2019. 1. 31

달밤 돌밭 고르기

가난뱅이
할아버지 할머니

돌밭
아주 헐값에 사들여

달밤에
두 분이 돌 골라내어

기름진
밭 만든 얘기 들은 손자

어찌
한 평의 땅인들 팔아 치우랴

어려서
이미 재테크의 실마리 터득

2019. 2. 1

일찌감치 롤모델

참
빨랐지

롤모델
정하는 게

홀어머니
외아들 세 살 때

맹자 모자
처지와 똑같다 보니

엄마는
맹자 어머니를 롤모델로

죽이 척척
우리 모자는 희망의 꿈을

처녀 시절

공자 왈 맹자 왈 사서삼경 통달

맹자 맹모처럼
되고 말겠다는 야무진 전화위복의

2019. 2. 2

어중이떠중이

19세기 초반
우리 집안 병조판서

매년
화상차례 지내는 잔칫날

오신 손님
어중이떠중이 다 모여 시끄럽다

크나큰 말실수
발칵 뒤집혀 석 달 열흘 씹고 씹어

망신 망신 당하는
꼴 보면서 말조심의 중요성 깨달아

옛 선비
말 한 마디 잘못해 역적으로 몰릴까

두려워

할아버지 정말 얼마나 조심하시는지

어릴 적 각인된
말 한 마디 한평생 말조심하게 하네

2019. 2. 3

일찍 익힌 공산주의 허점

누구도
믿기 어려울 거야

엄마
무릎 위에서 익히다니

해방 전
공산주의자가 안보이던 때

똑같이
일하고 똑같이 나눈다는 사상

부지런한 자
게으른 자 머리 좋은 자 나쁜 자

배급이 동일
누가 열심히 일하고 머리를 쓰랴

게으른 자

머리 나쁜 자가 기준이 되어 가난하리라

학교도 들어가기 전
엄마로부터 듣고 깨우쳤다네 공산주의 허점

2019. 2. 4

제 2 부

아들이 본 엄마

우리 엄만
손색없는 프로엄마

아무리
잘났다 거들먹대도

미치지
못하는 위치란 생각

프로부모
지원하는 젊은이들이여

자식 잘 돼야
부모만큼 되기도 어렵다는 걸 알고

미리미리
갈고 닦아야 좋은 부모 역할 수행하리

낭군 이부자리 삼년상

하루도
빠짐없이 밤마다

낭군
이부자리 펴 놓기 삼 년

자식 때문에
바로 따라가지 못한 설움

동네 어귀에
키 큰 남자 걸어오면 혹시나

마당 가
함박꽃 새순 나오면 인간은 왜

못다 이룬 한
애비 없는 후레자식 만들지 않으려

2019. 2. 6

아들딸 무차별 회초리

이웃집
누나들의 부러움

자기 엄마
남동생과 싸우면

누나라고
혼자 된통 맞는데

너희 엄마
차별 없이 때리네

치고받고
엉켜 붙어 싸울 때

그치지 않으면
매 맞는다 몇 번의 경고 후

잘잘못 물음 없이
싸웠다는 이유로 똑같은 횟수 회초리

2019. 2. 7

아들딸 균일 배분

재산
얘기가 아니다

집 논밭은 어릴 때
내 명의로 돼 있었으니

가장
또렷이 남아 있는 건

시제 때가 되어
기다리던 봉송이 오면

밤 대추 곶감 다식 옥춘
전 적 한 개 아니면 한 쪽씩

부엌칼이 등장
균등히 두 쪽으로 나눈 기억

엄마 껀?

난 괜찮다 너희 둘이나 먹어라

2019. 2. 8

욕 삼켜 버린 엄마

모르셨나
알면서도 삼키셨나

단 한 마디
욕도 들은 바 없어

공맹 가르침일까
자식 교육 위해서일까

뱉지 못해
속으로 속으로 쌓였을 응어리

2019. 2. 9

넋두린 사치로 여긴 엄마

처녀 시절
안 하던 시골살림

부엌일
농사일 길쌈에다

툭하면
불러대는 큰집 일

어느 시절에
넋두리 할 겨를 있으랴

홀앗이 손
도와줄 미운 시누이 하나 없는

손은 일하면서
입은 푸념 늘어놓을 수도 있으련만

2019. 2. 10

발도 못 붙인 지청구

해방 전후
춥고 배고프던 시절

이집 저집
여기저기 지청구소리

사람 짐승
가리지 않고 애먼 욕바가지

듣지 못해
한 마디도 우리 엄마 입에선

말 한 마디
신중 또 신중이니 당연한 일

2019. 2. 11

쌍욕 금지령

쌍욕이
뭔지도 몰라

아마도
쌍욕대회라면

전교
꼴찌를 했을 게다

더구나
씨자가 들어간 욕은

절대 금지
엄마 생존 시에는 지켰지

2019. 2. 12

악담이 제담 된단다

남
망하라는 악담

남이
망하는 게 아니라

되돌아와
자기가 망한다는 말씀

아마도
제담은 제 악담이란 뜻

남에게
악담 안하고 사니 입 깨끗

우린
나쁜 소리 듣지 않아 좋았지

2019. 2. 13

숨겨 놓은 저주의 신

누군들
저주의 신 부르지 않으리

시공 내
약자로 괴롭힘 당한다면

숨기고 홀로
끙 끙 끙 몇십 년 기다리면

이루어지데
현세에서도 선이 악을 물리쳐

엄격한 가르침
엄마에게까지 발설치 않은 비밀

2019. 2. 14

정보원 물리친 매서움

30살도
안 된 새댁

어찌
그런 매서운 결단

나도
놀라고 아쉬울 정도

더펄이
4촌 시누이 하나 있어

날마다
수시로 들러 전해 주던 정보

아가씨
그런 소리 전하려면 오지 말아요

화목만 해친다

대소가 돌며 얻어들은 소리 들어 봐야

참 어려운 결정
누군들 남의 흉보는 말 알고 싶지 않으랴

2019. 2. 15

규모의 달인

어려서
수없이 들은 말

규모
있는 집 없는 집

들어가
도배한 것만 봐도 안단다

살림이야
두말할 필요 없어 달인이라

풍년이라
흥청망청 떡 해 먹지 않고

저축저축해
흉년에 대비하고 재산 증식

말씀 하나
행동 하나 본보기가 되는 규모

2019. 2. 16

은행소에 돈 떨어져도

은행소에
돈 떨어진다 해도

두현 엄마
궤짝엔 돈 안 떨어져

어려서
수없이 들어온 말

해방 전후
가난이 밴 시골 마을

급전이
필요한데 막막할 때

우리 동네 유일한
무담보 무이자 창구 노릇

2019. 2. 17

아름다운 바느질 솜씨

전통 한복
하나의 미술품

깃 동정
섶 도련 배래 끝동

매끄러운
선이 서로 균형을 이룬

엄마의 솜씨
단연 뛰어나 일찍이 평론가

동네 아주머니
나의 평가에 신경 쓸 만큼

미적 감각
일깨워 준 전통 한복의 미 대단해

온 동네
하나밖에 없는 재봉틀까지 갖춘

2019. 2. 18

간단명료한 글 솜씨

낫 놓고
기역 자도 모르는 이

허다한
해방 전후 시골 마을

편지 들고
찾아오면 읽어 주고

즉석에서
쓱 쓱 쓱 답장 써 주면

누가 봐도
글 솜씨가 시원시원해

아마도
글지이라면 시인이나 수필가

2019. 2. 19

박학다식 시골백과

라디오 한 대
신문 한 장 없는 시골 동네

처녀 땐
사서삼경 시집와선 서울 생활

외가나
친가나 신학문 하러 서울 유학

꼬치꼬치 성격
모르곤 그냥 지나치지 못하는

답답한 일
생기면 달려와 묻는 척척박사

2019. 2. 20

싫은 나무지게

6.25사변
일꾼 의용군 자원입대

땔 나무가
내 어깨에 지게를 지우더니

싫다 말려도
아들 공부 더하라고 엄마까지

돌이켜 봐도
지게만은 안 져도 되었을 일

자식 위해서라면
무슨 일이라도 서슴없는 희생정신

2019. 2. 21

공치사 모른 엄마

말끝마다
공치사가 난무하는 요즘

단 한 마디도
못 들었다면 누가 믿으랴

삶 자체가
자식만을 위해 산 인생인데

너무 겸손
어미가 못나 고생만 시켰다

화끈한
공치사 한 번 못 들은 게 한

2019. 2. 22

엄마는 돌부처

놀랐다
어찌 저리도 무표정

병원장
이런 환잔 안 받는 건대

오늘 저녁
고비란 말을 하는데 묵묵

당신이
시장에서 상한 음식 사 와

식중독
일으켜 미안하다는 말씀뿐

꼬빡 앉아 새우며
삶에 초연한 엄마를 보면서

2019. 2. 23

공부 잔소리 ○

아마도
눈치 채신 모양이지

"공부 해야지"
한 번만 들어도 안 할 줄

내 생전
단 한 번도 공부 잔소리 안 들어

그리 좋은 걸
난 네 자식한테 지키지 못 했네

아는 것보다
실천하는 것이 너무 힘들다 보니

2019. 2. 24

자식 신뢰 ∞

아마도
팥으로 메주를 쑨다 해도

메주는
팥으로 쑨다고 믿어 줄 엄마

세상에 태어나
이런 신뢰를 아무나 받으랴

무한한 신뢰 속
자식은 바른길로 달릴 수밖에

2019. 2. 25

제 **3** 부

예비 프로부모

-프로부모 지망하는 미혼 남녀

어쩌다
프로부모 보단

예비단계
거치면 금상첨화

배우자
선택 아주 중요해

잘하면
절반은 성공한 거

덕목
하나하나 챙기면 OK

종족 보존이 최고의 선

당신이
태어난 걸 좋아한다면

반드시
자식을 낳아야 하리라

뭐니 해도
종족 보존이 선 중의 선

우리 조상이
몸을 바치는 노력으로

우리가
현재 존재한다는 걸 알아야

머리 깎은 스님도
선이지만 최고의 선은 아니지

2019. 2. 16

멋진 홈런 친 아버지

24살에
홈런 한 방 치고

26살에
이승을 떠나시니

해마다
빠짐없는 제사 차례

산소엔
벌초 성묘 상석 비석

얼굴도
모르는 아들 태어난 것만 만족

이러한
홈런도 야구를 해야 가능하다네

2019. 2. 27

신의 직업 엄마

난
아직 못 보았네

엄마
직업보다 더 좋은

9급 공무원
시험 준비의 반의반만 해도

아주 훌륭한
엄마가 될 수 있을 터인데

공부는 안 하고
어렵다 어렵다 불평만 한다네

2019. 2. 28

열 낳아도 좋을 세상

먹을 것
입을 것 풍부해

낳으면
출산 장려금 양육 수당

머지않아
고등학교까지 무상교육

고액 과외만
안 한다면 큰 걱정 없다네

과외야 시킨다고
모두 명문대 가는 것도 아니고

안 시킨다고
모두 명문대 못 가는 것도 아니니

자기 소질 따라
하고 싶은 일하면서 사는 것도 행복이라네

2019. 3. 1

좋은 가문 이어 가기

누구나
자기 가문 자랑하지

아무리
훌륭한 인재 배출한 집안도

자손이
이어 가지 못한다면 문 닫은 폐가

얼마나
복 짓기 소홀했기에 저리도 쯔쯔

선진국
친구들이 부러워하는 우리의 족보

지금 당장
꺼내어 자세히 살펴보면 흉물이 보이리

무후(无后)

얼마나 잘못 살았으면 먼촌 양자도 못했나

좋은 가문
훌륭한 인재 배출보다 자손 이어 가기에 힘쓸 때

2019. 3. 2

남다른 자식 욕심

나도
이유를 몰라

왜 그리
자식 욕심 많은지

어려서
자식 이름 60개 지어 놓아

도마다 나라마다
보내어 도지사 대통령 만드는 꿈

아내 첫 맞선 자리
아이는 낳을 수 있을 때까지 낳자고

아무리 세상 변해도
자식 욕심 많은 이들 반드시 있으리니

이런 이들 마음 모아
북적북적 프로부모 서클 만들어 봄이

2019. 3. 3

첫째도 100째도 건강

나의 일기
고 2초 어느 날

폐결핵
판정을 받던 날

꿈도 행복도
산산조각이 나던 날

잃어 본 자만
건강이 삶의 전부임을 안다

배우자 선택
제일 조건에 건강이 자연스레

얼굴색 몸집
살아온 경력 집안 내력 보아 판단

부부의 삶만이 아닌
장차 태어날 자식들의 건강을 위하여

2019. 3. 4

건강 다음엔 머리

우둔한
대졸보다는 영리한 고졸

머리가 돼야
지혜도 되고 말도 통해

프로부모는
자식을 꼭 낳아야 하니 더욱

머리가 모자라
평생 고생하는 아이가 없어야

콩깍지 씌워지기 전
몇 번 만나 대화해 보면 안다

2019. 3. 5

뭐니 뭐니 해도 인간성

아무리
건강 두뇌 좋다 해도

인간성
나쁘면 무슨 소용인가

좋은 자식
낳아 3등 인간 안 만들려면

뭐니 뭐니 해도
인간성 좋은 부모가 낳아 길러야

어려서부터
동네 새색시 들어오면 보고 평할 정도

사람 보는 눈
남달리 관심을 가지고 기르다 보니 자신감

2019. 3. 6

용모는 60점이면 OK

용모
60점이란

이성의
매력을 느낄 정도

누가 봐도
보통 이상으로 평가

너무 잘나면
프로부모로 열중 어려워

누군들
쏙쏙 빠진 인물 싫으랴만

자식 낳아
잘 기르려면 다른 덕목이 더 중요

2019. 3. 7

한 가정 한 종교

종교의
소용돌이 시대를 살면서

한 가정
한 종교의 중요성을 깨달아

배우자
선택의 중요 항목으로 넣어

가정의 평화
자라나는 아이들의 가치관 통일

아주 아주
중요한 일이므로 반드시 고려할 사항

우선 좋아 결혼 후
개종하지 하는 이도 있으나 실패의 전주곡

종교에 따라
믿음의 정도에 따라 다르지만 종교는 피보다 진하기도

2019. 3. 8

중요한 답을 주는 가문

거창한
무슨 벼슬 얘기가 아니다

누구나
자기 부모에서 태어났으니

몸도 정신도
부모 닮았을 게 사실이라

사람을
알려면 그 가문을 보란 뜻

구하는 바가
그 집안에 잘 전해 내려오는지

배필의 조건
健강 頭뇌 人성 學문 容모 宗교 家

하나 하나
정성 들여 따져 보면 답을 주는 게 가문

2019. 3. 9

어쩌다 프로부모 보단

애초부터
프로부모가 더 좋아

가족계획
일찍 세울수록 좋지

결혼 연령
당기고 당겨 일러지니

태어나는
자식 건강 젊어서 양육

이것저것
따지다 보면 불임의 나이

믿어도 좋으리 속담
“누구나 저 먹을 복 타고 난다”

둘만 낳으라는 세상
넷을 낳아 길렀더니 재미 쏠쏠

2019. 3. 10

예비 프로부모 덕목 1
–근검절약

부자나
가난하나 근검절약은 미덕

더구나
프로부모가 되려는 이는 더욱

부지런히
일하고 알뜰하게 절약하는 정신

아이들에게
가르치려면 솔선수범해야지 가능

돌이켜 보라
자기가 근검절약형인지 아닌지

만의 하나 아닌
생활을 해 왔다면 하루속히 고쳐야

2019. 3. 11

예비 프로부모 덕목 2
-예의범절

삶에
예절만 한 재산은 없다

잘
지키면 복이 굴러 들어오지만

잘못
지키면 화가 밀려들어 온다

자기의
예의범절 어느 정도인지 가늠

형편없는
수준이라면 당장 수련해야지

태어날 자식
당신보다 훌륭한 인물 어려우리니

2019. 3. 12

예비 프로부모 덕목 3
—공명정대

사리사욕
부정부패가 판치는 세상

공명정대는
프로부모가 꼭 지켜야 할 덕목

태어나는
자식이 혼란만 가중시킨다면

무엇하러
힘들게 낳아 기르려 하려는가

公과 私가
분명하고 일 처리가 공정하고 명백한

참다운 일꾼을

생산하는 일이 우리의 목표이기에

2019. 3. 13

예비 프로부모 덕목 4
–자립정신

자식 자립
프로부모의 최종 목표

부모가
물질적 정신적 자립 없이

자식의
완전자립 어찌 기대하리

성인이 되고도
부모에게 손 벌리지는 않는지

어려운 일 당하고
징징거리며 주위 사람 괴롭히진 않는지

아무리 어린애도
보고 배운다는 걸 명심 홀로 당당히 뚜벅뚜벅

2019. 3. 14

예비 프로부모 덕목 5
–준법정신

프로부모
가장 신경 쓸 일

자식
법 어겨 죄짓는 일

어려서부터
부모의 준법정신 투철해야

담배꽁초
휴지 쓰레기 함부로 버린다든지

불법 파업
불법 데모 보면서 손뼉 친다든지

행동뿐만 아닌
말 한 마디라도 법 어기는 일 없어야

아무리 작은 법이라도

반드시 지키는 습관 길러주려면 솔선수범

2019. 3. 15

예비 프로부모 덕목 6
-사리 판단

매일매일
수많은 사건을 만나

잘
처리하면 복이 들어오고

잘못
처리하면 화를 받게 된다

사리 판단
어려서부터 갈고 닦아야 하니

어찌 부모가
아이 앞에서 함부로 판단하랴

어려서 들은
할아버지의 조리 있는 판단 귀에 쟁쟁

난세를 살아오면서도

꿋꿋한 이념과 가치관을 유지한 원동력

2019. 3. 16

예비 프로부모 덕목 7
—보은사상

짐승도
은혜를 갚는데

하물며
인간이 배은을 하다니

어려서부터
귀가 따갑게 들은 얘기라

조상 은덕 갚으려
정성을 다해 제사 성묘 석물

은사 은덕 갚고자
한 해도 거르지 않고 세배하고

받은 부조 갚느라
꼬박꼬박 경조사 챙기기 힘써 온 세월

아무리 그래도
나중에 갚지 하다가 기회를 놓치면 후회

배은하긴 쉽고
보은하긴 어려운 세상 어찌 자식 교육 소홀히 하랴

2019. 3. 17

제 4 부

잉태 프로부모

—태아부터 유아기까지

프로부모가
가장 필요한 시기이나

아이 키우랴
살림 꾸려 나가랴 정신없어

지내 놓고 보니
100점 만점에 60점 정도였네

회사 가정생활
눈코 뜰 새 없이 돌아가는 때

어영부영하다간
낙제점수 받기 딱 좋은 어려운 시기

정신 바짝 차려
평생 후회할 일 만들지 말아야 성공

서둘러 30에 결혼

프로부모
결심한 이상 서둘렀지만

결혼 조건
좋지 못해 배필이 안 나타나

우리 나이
30에 결혼할 수 있게 되어

첫 선 본 지
6개월 정도에 부랴부랴 신방

예비 프로부모
이것저것 따지다 늦지 말아야

태어나는 자식
건강하고 많이 낳아 잘 기를 수 있어

예비 프로부모 덕목
갖추었다면 어떤 난제도 술술 풀 수 있으리

2019. 3. 18

좋은 자식 욕심 童貞

수많은
기회 유혹 뿌리치고

누구보다
강해 매일매일 빼면서

용케도
30 첫날밤까지 지켰지

누가 시킨 것도
가르쳐 준 것도 아닌데

좋은 자식
얻어야 한다는 순수함

거룩한 아이 창조
이 정도 정성 마다할 손가

2019. 3. 19

홀로 서기 위기 극복

결혼 당시
처가 재력 나의 수십 배

약혼 후
살 집 구하러 다니다 보니

돈이 모자라
가진 돈보다 좀 비싼 게 보여

매일 허탕인데
모자라는 걸 보태준다는 의견

절대로 안 된다
유혹을 단호히 뿌리치고 싼 걸로

두고두고 뿌듯해
누구 도움도 받지 않은 홀로 서기 삶

집 사고 수년 동안

돈이 딱 떨어지는 어려움도 잘 견뎌

그때 자립 포기했다면
오늘날 나의 부 어찌 이룰 수 있었으리

태어나는 자식에게도
당당히 홀로 서기 교육 할 수 없었으리라

2019. 3. 20

다다익선 가족계획

아이
낳을 때까지 낳자

자식
많을수록 좋다는데 합의

출산 적령기 20대 초
결혼이면 열 명도 가능하지만

30대에 결혼하면
다섯 명 낳기도 벅찬데 무슨 제한

국가는 산아제한
둘만 낳아 잘 기르자던 70년대 초

계획대로 진행하다
동생 싫다는 막내 의견 따라 넷 마감

2019. 3. 21

외과 의사 트라우마 授精

페니실린
없던 시절 외과 의사

밤이면 밤마다
낮에 수술한 환자 걱정

불안한 마음
수정한 자식 머리 나쁘다는 말

교양 심리학
서울대 의대 교수가 한 강의 내용

스승이 십 년 가르쳐도
어미 열 달 뱃속 가르침만 못하고

어미 열 달 가르침이
아비가 하룻밤 수정할 때 正心함만 못하다

모르면 몰라도

이리도 중요한 걸 소홀히 하랴 정성을 다했다

2019. 3. 22

가르침의 첫발 태교

태교 중요성
어릴 적부터 귀 따갑게 들어

스승 10년보다
어미 배 속 1년 가르침이 낫다

허튼소리라
지나치는 것보단 믿는 게 좋아

80평생 살아온
체험으로 더듬어 보면 믿음이 가

임신한 채
일터에 나가 어찌 태아 위주로 생활

태교의 중요성
하나만 보아도 프로부모가 중요한 이유

2019. 3. 23

임신한 아내에 여왕대접

아내
임신할 시기엔

직장이
눈코 뜰 새 없이 바쁘고

상사 눈치 보랴
친가 처가 챙기랴

정신없어도
임신한 아내에 여왕대접 해야

배 속 아이
왕자나 공주로 태어날 터이나

하녀취급
한다면 천한 자식 태어나리니

아무리 못해도

아내 생일과 결혼기념일만은 꼭

화분이나 꽃다발
형편에 맞는 보석 선물 잊지 말아야

임신 시기뿐이랴
평생 지속해야 할 일이므로 처음부터

2019. 3. 24

탄생의 신비 자연분만

자연분만
아기의 크나큰 축복

몇천만 년
쌓여 온 탄생의 신비 간직해

좁은 산도
뚫고 나온 저력 삶의 활력소 되리

자다가 갑자기
지붕이 열려 끌려 나온 데 비하랴

분만의 주인공
아기의 뜻대로 낳는 게 순리며 예의

아기나 산모 구하려
제왕 절개 해야만 할 처지라면 몰라도

2019. 3. 25

큰 복 하나 엄마 젖

엄마 젖
만 세 살이 넘도록

난 먹고
빨았다 다 크도록

돌이켜 보면
가장 행복한 추억

그래 그런지
지금도 사모곡을 쓴다

이렇게
아이 좋고 엄마 좋은 걸

못 먹고
자라나는 아이가 측은해 보여

무엇보다
프로부모 권장하는 가장 큰 이유

2019. 3. 26

세 살 버릇 여든 간다

세 살
인간을 빚는 시기

찰흙이냐
모래 섞인 흙이냐

정성껏이냐
대충 대충이냐에 따라

인간의 질
하늘 땅 만큼 벌어져

아무리
강조해도 넘치지 않아라

잘못된 점
나중에 고치려면 몇십 배 고생

원하는 자식
만들려면 유아기에 총력을 다 해야

지내 놓고
땅을 쳐 봐야 돌이킬 수 없는 노릇

2019. 3. 27

떼쟁이는 절대 아니야

부모가
정신 똑바로 차려야지

오냐오냐
귀엽다 응석받다 보면

어느새
아이가 떼쟁이로 되고 만다

떼만 쓰면
무엇이든 얻어낼 수 있다는 습관

프로부모가
가장 경계해야 할 3등 인간의 지름길

아이 때
싹을 잘라 버리지 못하면 크나큰 잘못

세상에 노력 없이
떼나 써서 될 일은 없음을 가르쳐야지

스스로 단념할 때까지
기다리는 인내가 필요 욕이나 체벌은 나빠

2019. 3. 28

홀로 서는 습관이 생존

맹수 우글우글
세렝게티 국립공원

갓 태어난
새끼 버둥버둥대다

벌떡 서면
손뼉이 절로 쳐진다

인간이야
미숙아로 태어난다지만

너무너무
늦도록 바로 서지 못해

귀여울수록
되도록 빨리 홀로 세워야

아무리
답답하더라도 참고 지켜보며

박수를 쳐라
느리다고 구박하거나 거들지 말고

대학 가서까지
숙제 심부름해 준다면 어찌 살아남으랴

2019. 3. 29

참을성 있는 아이는 보석

왜
보석인가

요즘
참지 못하는 아이가 너무 많기에

참을성은
살아가는데 꼭 필요한 보석이기에

풍성한 환경에서
참는 힘을 길러 주기란 매우 어려워

부모가 먼저
인내하는 습관이 있어야 가능한 일

배가 고파도 어른이
먼저 수저를 들 때까지 기다린다든지

조그마한 일상부터
하나하나 따져 보면 가르칠 기회는 많아

참을 인(忍)자
셋이면 살인도 면한다는 말을 믿고 실행해야

2019. 3. 30

일찌감치 저금통장

저금통장
이를수록 좋다

태어날 때
백일 돌 때 들어온 축하금

잘 모아 두었다가
말귀 알아들을 때 만들어 주면

삶의 중요 요소
돈에 대한 개념이 빨리 성숙된다

자라나면서 절값
잘할 때 상금이나 시킨 일한 대가로

불려 나가면서
돈의 가치나 벌어야 한다는 걸 깨우쳐야

일찍부터 피땀 흘려
자기가 번 돈만이 떳떳한 자기 것임을 알도록

2019. 3. 31

뚱땡이는 평생 슬픔

부모는
아이의 슬픔 막아 주어야

어릴 때
노력하면 될 일 방심 말길

뚱땡이가
사회에서 받는 구박 알면서

뚱땡이가
건강에 얼마나 취약한지 알면서

부모가
어찌 자기 자식의 불행을 놔두랴

아무리
어렵더라도 전력을 다해서 막아야

2019. 4. 1

창조신의 거룩한 임무

포태
태아 유아기는

부모가
창조신인 시기

얼마나
거룩한 임무인가

한 생명이
만들어져 태어나

유아기에
뇌가 성인의 90%까지 성장

성격이나
사회성 상상력 호기심 창조력의

기틀이

만들어지는 시기이니 어찌 소홀하랴

프로부모가
제대로 생각 행동 능력 지혜를 발휘해야

2019. 4. 2

형제자매가 좋아

마음대로
되는 건 아니지만

형제도
자매도 있는 게 좋아

요즘 같은
핵가족 시대일수록 더욱

아이들이
서로 많은 걸 배우며 성장할 수 있어

부모도
과잉보호 과잉기대 과잉불안에서 벗어나

합리적인
교육이 가능해져 정상인으로 성장 가능하며

자식이 자라면
미련 없이 너른 세상으로 떠나보낼 수 있어 좋다

2019. 4. 3

우주 속 단 하나뿐인 귀한 존재

누구나
부모 자식 모두가

우주 속
단 하나뿐인 귀한 존재임을

부모가
먼저 깨닫고 자식에게 가르친다면

부모는
자식의 인격을 존중하여 대등한 인간관계로

자식은
자립심 자아의식이 강해지고 타인의 존귀함도 인정해

더 나아가
우리 인간만이 아닌 모든 생명의 존귀함을 깨닫게 된다

天上天下唯我獨尊
어려서부터 이 사상을 부모가 솔선하고 가르치면 최고의 교육

2019. 4. 4

3등 인간만은 되지 말라

귀한
인간으로 태어나

3등
인간으로 살면 안 돼

누누이
어릴 때부터 가르쳤지

게을러
부모 형제의 도움으로 산다든지

죄지어
교도소에 들어가 세금으로 산다든지

제 앞가림
못해 남의 도움으로 살면 3등 인간

제 앞가림

다하고 남에게 베풀면서 살면 1등 인간

두뇌가
하얀 스펀지 같은 어린이는 쏙쏙 빨아들여

2019. 4. 5

우뚝 세워 주는 뿌리교육

누구도
하늘에서 뚝 떨어지지 않아

부모
조부모 증조부모 고조부모

이어지는
하나의 고리가 자기 자신임

알려 주면
자기도 튼튼한 고리가 되어

열심히 살아
부끄럽지 않은 자손 조상이 되리라

다짐 다짐해
성년이 되면 결혼해 자식 낳으려 한다

세상이

수만 번 변한다 해도 유아기교육 잘하면

어느 가지인들
싹을 틔우지 않아 뿌리가 죽게 내버려 두리

2019. 4. 6

제 5 부

완성 프로부모

-초교부터 성년이 되어 자립까지

자식 공부야
잘하기도 못하기도

타고난 재능도
다양해 가지가지이지만

무엇을 하던
최선을 다하는 게 중요

어떤 경우라도
자력으로 살아가는 인간 돼야

프로부모가
지향하는 목표 달성이 이루어진다

교육 방침 한목소리로

교육 방침
바로 가정헌법이라

한 번 정하면
흔들림 없이 지켜야

부모가 서로
이랬다저랬다 한다면

자식은
누구 말도 따르지 않아

부모의
권위는 땅에 떨어져 뒹굴고

자식은
쉬운 쪽만 택하려 들 것이니

아무리
작은 거라도 반드시 지켜야 해

개정하려면
부모가 미리 상의해 바꾸도록

식탁 예절 근검절약
공부 습관 도덕 종교에 이르기까지

2019. 4. 7

아버지 한시적 군주로

무슨 군주
타령이냐 하지 마라

자식 교육엔
지혜로운 군주가 필요해

'아버지가 곧 법이다'
절대적 권위를 인정받는 지도자

정 싫다면
자식이 성년이 될 때까지 한시적

가정 통솔에
명령 문제 해결 잘잘못을 가리는 군주

현명한 아내라면
남편을 성군으로 만들어 내는 지혜가 필요

어느 철학자
'한 아버지 백 스승보다 낫다' 고 할 만큼 권위 있는 아버지

2019. 4. 8

아내 감동 재산 부부 공동 명의로

아내가
전업 주부가 되면

제일
신경 쓰일 게 돈인데

심하면
생활비를 태운다든지

부동산
몽땅 자기 이름으로 한다면

어찌 진정한
아내의 감동 이끌 수 있으리

자식 교육
성공시키려면 월급 다 맡기고

부동산
매입할 때 공동 명의로 해야 한다

젊으나 늙으나
뭐니 뭐니 해도 MONY가 제일이니까

2019. 4. 9

엄마는 아이 반 동무

유치원
학교에서 돌아온 아이

시시콜콜
반에서 일어난 일 조잘조잘

서로 겹치면
자기가 먼저 하려고 다투지

엄마는
등교 안한 반 친구 되어 수다

아이의 생활
속속들이 환히 꿰뚫어 미리미리

교우 관계
선생님 관계 문제 발생 방지 가능

반 동무 만나면
너 누구지 하면 깜짝 놀랄 정도

학교생활 원만
아이는 공부 열중 건강히 무럭무럭

미안한 얘기지만
맞벌이 부부는 꿈도 꿀 수 없는 일

2019. 4. 10

친구 만남은 자기 집이 좋아

아이 친구가
집에 온다는 거 귀찮지

어질러 놓고
이것저것 대접하랴 시끌벅적

아이의 안전
기 살려 주려면 내 집이 제일

내 자랄 때나
아이 넷 기를 때나 늘 우리 집

적당히 늘어놓고
마음껏 굿판을 벌리는 놀이터

아이의 기는 살고
놀러 오는 아이의 성향도 파악되고

이래저래
들인 공보다 얻는 게 큰 복 받는 일

이것 또한
맞벌이 부부로는 할 수 없는 아쉬움

2019. 4. 11

회초리도 비상처럼

명의가
꼭 필요한 때

비상으로
환자 병 고치듯

명 코치도
꼭 필요한 때

회초리로
아이 버릇 고친다

비상 함부로 써
환자를 죽일 수 있듯이

회초리도 함부로
사용하면 아이를 버린다

자기가
자식으로부터 신뢰가 있는지

돌이켜 본 다음
다른 방법이 없을 때 매뉴얼대로

매뉴얼은
가족회의에서 토론 후 만드는 게 좋아

2019. 4. 12

공부 잘하는 습관 첫발부터

공부는
마라톤 경기

첫발부터
뒤처지면 어려워

공부 제일
가치관 심어 주기

시간 나면
언제나 독서하기

예습 복습
숙제 다 하고 쉬기

수업 시간
선생님 말씀 잘 듣기

학교생활
집에 오면 다 털어놓기

학교나 선생님
좋은 점 자랑하게 하기

선두 그룹에 들면
신나게 달려 힘이 덜 들고 우승 가능

2019. 4. 13

공부 빼고는 중독 NO

어른도
가지가지에 중독

알코올
도박 게임 주식 마약

빠져 들어
사회 낙제생으로 전락

하물며 아이가
놀이에 정신 파는 건

너무너무
쉬운 일이라 맥을 끊어 주어야

TV 연속극
스마트폰 비디오 전자오락 어느 것도

세상엔
공부보다 더 재미있는 게 너무 많아

아이들이
한눈팔다가 한순간에 우등생이 낙제생

프로부모는
세심히 살펴 공부로 전환시켜 주는 지혜가

2019. 4. 14

독서 능력 아주 중요해

"성적은
책장 넘기는 속도에 비례"

하다 보면
지나친 말이 아님을 알 만큼

공부의
기본은 독서 능력에 달려 있다

어려서부터
책읽기 취미를 붙이도록 힘써야

자기 수준
흥미에 맞는 책을 읽도록 권고

읽은 책으로
책상 주위에 성을 쌓는 것도 효과

필요하면
속독학원에 보내 요령을 배우게 해야

부모는
얼마나 빨리 얼마나 이해했는지 파악지도

자기 나름의
독서 방법을 개발하도록 유도하는 게 최선

2019. 4. 15

한 달에 한 번 가족회의 좋아

어려선
엄마와 수시로

부모 되어선
한 달에 한 번씩

온 가족이
한자리에 모여 회의

아이들이
동등한 대접에 쑥쑥

토론 거쳐
문제 해결 규칙 의결

해 보면
아이들이 어른답다는 생각

이래서
민주주의가 좋다는 인식까지

망설이지 말고
꼬박꼬박 온 가족 좋은 날 잡아

부모 자식
모두에게 만족을 가져다 주는 효과

2019. 4. 16

우수한 선수 ← 우수한 코치

누구나
다 아는 얘기다

우수한 선수
뒤엔 우수한 코치

자식 교육
한두 해가 아닌 18년이라

프로부모만이
이루어 낼 수 있는 명코치

공부만이 아닌
신체적 정신적 건강관리

문제 발생시
즉시 해결해 주는 카운슬러

패배의 역경
포기하지 않고 분발하는 힘

참다운 인간
만들어 사회 일원으로 자립

스승도 사회도
국가도 종교도 할 수 없는 명코치

2019. 4. 17

공부 생산성 자기가 개발토록

중학교 때
왕복 40리 길 걸어 통학하며 농사

고등학교 때
폐결핵 8시간 자고 실업과목 절반

누가 봐도
진학이 어려운 지경에 당당히 합격

중고의 나쁜 환경
돌파 비결은 오직 하나 공부 생산성 개발

아이 넷 기르며 보니
하나하나에 맞는 생산성 개발이 중요해

본인이 찾아내면 최상이나
잘 안될 경우에는 프로부모가 해 주어야

어차피 삶은 경쟁
경쟁의 실체는 생산성임을 알고 철저히

학창 시절 몸에 익히면
학교 성적 쑥쑥 사회 성적도 쑥쑥 오른다

2019. 4. 18

공부가 가장 정직하다는 신념

뿌린 만큼
거두어들일 수 있는 건

공부만 한 게
없다는 걸 확신시켜 주어라

그래야
학창 시절 우왕좌왕하지 않고

잘하든 못하든
학업에 열중할 수 있게 된다

오늘 열심히 하면
내일 시험 성적이 오르는 정직

예체능에
천재적 소질을 타고 났다면 몰라도

대학 입학하기 위해
이리 기웃 저리 기웃 하지 말아야

가장 쉬운 일
가장 살맛나는 일이 공부라는 걸

되도록 일찍
실감나게 알려 주고 체험시켜야 한다

2019. 4. 19

학습의 금광맥 휴일 방학

학습은
금을 캐는 일

얼마나
많이 캤느냐가 성적

학기 중엔
누구나 비슷한 성과

차별화는
휴일 방학에 이루어져

중고교 시절
어려운 환경에도 도약한 건

휴일 방학에
금광맥을 쉬지 않고 캔 결과

노다지 광맥을
차지한 친구도 빈둥대면 가난뱅이

시원찮은 광맥을
차지한 친구라도 열심히 캐면 부자

학습도 매한가지
아침부터 저녁까지 계획을 세워 실행해야

2019. 4. 20

양보다 질에 치중하는 공부

책
열 번 읽고 100점 받은 학생보다

책
세 번 읽고 100점 받은 학생이 우수

문제집
열 권 풀고 100점 받은 학생보다

문제집
세 권 풀고 100점 받은 학생이 우수

허둥지둥
책장을 넘기며 대충대충 하는 것보단

한 번이라도
차근차근 꼼꼼히 이해해 가며 훑어야

시간 소모가
적고 여유가 있어 자신감이 생겨난다

주어진 시간에
학습량을 다 소화하려면 양을 줄여야

이 과목 저 과목
골고루 빠짐없이 공부할 수 있기 때문

2019. 4. 21

눈빛만 보고도 읽어야 명코치

날마다
발생하는 수많은 문제

어른도
감당키 어려운데 자식이

독심술
특별한 사람만이 하는 게 아니야

날이면 날마다
아침저녁으로 만나면서 모른다면

그러고서도
어찌 자식의 명코치라 할 수 있으랴

관심만 가지면
어느 부모도 눈빛만 보고도 읽을 수 있어

이상이 포착되면
미리미리 문제 해결에 힘써야 아이는 잘 자라

누구나 경험했으리라
자기 사춘기에 부모가 몰라주어 답답했던 일

그냥 내버려 두었다간
호미로 막을 것 가래로도 못 막아 낭패하리라

2019. 4. 22

학원 습관 마약 같아

학원
돈이 없어 못 다녔지만

난
돈보다 시간이 더 아까워

공부는
강의만 들어선 부족 스스로 해야

혼자선
도저히 이해할 수 없을 때 한해

아주 조금은
몰라도 학원에 중독되면 안 돼

고액 과외
받는다고 다 서울대 가는 것도 아니고

고액 과외
안 받는다고 다 서울대 못가는 것도 아닌데

부모가
정신 똑바로 차려 꼭 필요할 때에만 짧게 시켜야

재산 탕진도
안 되고 자식도 스스로 우뚝 서는 인재로 자란다

2019. 4. 23

시험공부 요령이 필요해

꿩
잡는 게 매듯

성적
잘 받는 게 시험 목적

덮어놓고
열심히만 해서는 안 돼

수업에
집중하면 선생님이 강조하지

문제집
풀어 보면 아하 이렇게 나오네

시간 되어
자기가 출제해 보면 가장 좋지

제한된
시간에 잠 푹 자고 만점도 가능

시험은
시험일뿐 요령을 써서라도 잘 봐야

2019. 4. 24

공부 손바닥 위에 놓고 공략

부처님
손바닥 위 손오공하면

갑자기
손오공이 별개 아닌 듯

공부가
어려울수록 빠지지 말고

자기 손바닥
위에 올려놓고 요리조리 살피면

어떻게
요리해야 맛이 있을지 알게 된다

높은 산
올라 내려다보면 도시도 개미굴 같듯

아무리
복잡하고 어려운 공부도 우습게 보여

인간이
만들어 놓은 문제 어찌 난들 못 풀랴

어려운 상대일수록
속에 빠져 허우적거리지 말고 공략해야

2019. 4. 25

길게 보는 인생관이 좋아

좋은
인생관을 가지면

삶이
행복하고 순탄해

이승은 전생
내생으로 이어지는 고리

태어날 때
빈손 아닌 저금통장 쥐고

자기가
처한 환경이 누구 탓도 아닌

저축금이
남아 있느냐 바닥이 났느냐에 따라

잘살기도
못 살기도 건강하기도 병약하기도

말하자면
'통장론' 의 인생관이라 공것이 없는 세상

잘 살든 못 살든
우쭐대지도 조상 탓 하지도 않는 참 좋은 인생관

2019. 4. 26

中里 한두현(韓斗鉉) 시인

■ 약력

- 1938년 서울 상왕십리 출생.
  부친 별세로 고향인 강원 원주 부론 노숲 성장(돌 때부터)
- 초등학교 6학년 때 6.25발발 2년간 농업에 종사하느라 진학이 늦어짐
- 중학 3학년 때 학생회장으로 정의심 발동으로 전교생을 7일간 동맹휴학으로 이끌어 목적을 달성하였으나, 장기정학처분 및 수석졸업에 品行可를 받음
- 국립교통고등학교(국비) 졸업. 서울대학교 공과대학 졸업
- 35년간 섬유업계 종사, 상장회사 대표이사 사장 역임 후 자진 은퇴, 제3인생 시작
- 국가발전기여공로 석탑산업훈장 수훈
- 기술사, 발명가, 글지이, 조각가
- 문예사조 시 신인상 당선 문단 데뷔
- 문예사조문인협회 회원, 서울시낭송클럽 상임위원
- 한국문인협회 회원, 국제펜 한국본부 회원

■ 수상(詩부문)

- 문예사조문학상 본상 수상
- 한국자유시인상 대상 수상
- 未堂徐廷柱시회상 수상
- 한국문학비평가협회 문학상 수상

■ 시집

- 인연(제1시집)
- 인왕산(제2시집)
- 서원의 길(제3시집)
- 마중물(제4시집)
- 몽당연필(제5시집)
- 징검다리(제6시집)
- 태풍아(제7시집)
- 어느 여의사(제8시집)
- 몰록(제9시집)
- 호모사피엔스(제10시집)
- 한두현 詩전집 1 · 2
- 말문이 열린 江(01시집)
- 촛불의 푸념(02시집)
- 항해하는 지성인(03시집)

■ 저서

- 자식을 부모의 팬으로 만들어라
  〈자녀교육해법 124장〉 나남출판
- 자식에게 무엇을 가르쳐 세상에 내보낼 것인가
  〈뿌리교육해법 124장〉 나남출판
- 자식을 우리의 옛 이야기로 길러라 1, 2
  〈이야기 인성교육 620마당〉 나남출판
- 자식교육 이제는 프로부모의 시대다
  〈전문부모의 길 74장〉 나남출판

시로 쓴 체험담

한두현 제04시집

프로부모

초판 인쇄 2019 년 4 월 25 일

초판 발행 2019 년 5 월 1 일

저　자 | 한두현

펴낸곳 | **재단법인 프로부모**

주　소 | 서울시 종로구 낙원동 58-1
종로오피스텔 1301호 각공서재

전　화 | 02) 741-3109, 010-5275-3109

제작·공급처 | **을지출판공사**

전　화 | 02) 334-4050

팩　스 | 02) 334-4010

전자우편 | ejp4050@hanmail.net

값 15,000원

ISBN 978-89-7566-179-2 03810